너머는 알 수 없는 내일

김 란 시집

상상인 시인선 087

그해 겨울은 느리게 지나갔고

동파의 기억이 사라지고

침묵하던 봄이 열렸다

•본문 페이지에서 한 연이 첫 번째 행에서 시작될 때에는 〈 표기를 합니다.
•저자의 의도에 따라 작품의 보조 동사와 합성 명사는 띄어쓰기가 달라질 수 있습니다.

시인의 말

매일 변하는 구름
하늘이 쓰는 편지다
벚꽃이 피고 져도
오래도록 보내지 못한 답장

바람이
잔잔하게 기억을 스치는 날
잘 마른 볕에 앉아
'괜찮다'고 한 줄 답장을 쓴다

그리움이 다가앉는 계절이다

2025년 가을
彩雲 김 란

차례

1부 색 바랜 바람이 앉은 감나무

소금 한 꼬집	19
숨은벽	20
기억	22
홀로서기	24
몸살	26
둥근 풍경 속으로	27
표면과 이면	28
눈 속으로 날아드는 새	29
쏟아지는 봄	30
시간의 허리	31
책갈피	32
바짝 구운 거짓말	34
어린 이름을 묻고	36
나비	37
알 수 없는 내일	38
아버지의 솟대	40

2부 뜨거웠던 오월의 문

찔레 향	45
식지 않는 밥	46
씀바귀 커피	48
붉은 문	50
지워지지 않는 자국	52
쑥 향	54
벚꽃 편지	56
건널목	57
폭설	58
그리움이 발등으로 툭 툭	60
공짜 DNA	62
밥그릇	63
그땐 그랬지	64
어머니 발톱	65
돌아오는 길	66
장대비	67

3부 추억은 우편함에 먼지처럼 쌓여

습기	71
반쪽 사랑	72
건더기가 없다	73
기억 산책	74
그게 뭐라고	76
느린 걸음	78
안녕 미역국	80
왜 안 보였을까	82
그렇게 말해서 미안해	83
기억의 뜰	84
식어버린 된장국	85
바람이라면	87
만남	89
낮잠	90
한 척의 가족	92
호제비꽃	93

4부 초록을 쓰다듬는 바람의 언어

무의도	97
별의 흔적	98
알아듣지 못한 말	100
꼿꼿한 천지	102
이기고 싶어요	104
들깨 순두부	105
골목길	106
석평리	107
노을	108
8월 어느 날	110
못난이 사과	111
칠 년의 울음	112
바다로 간 붕어	114
낡아진 시간	116
개망초	118
자물쇠	119

해설 _ 시 사랑 가족 사랑 인간 사랑을 실천하다 121
이승하(시인, 문학평론가)

1부

색 바랜 바람이 앉은 감나무

소금 한 꼬집

하얀 눈꽃 핀 동짓날
부뚜막 위 양은 냄비
연탄불에서 펄럭거리던 팥죽
사기그릇에 담겼다
설탕을 넣고 싶었는데
소금 한 꼬집 넣어주신 어머니

쉽게 붙고 취업할 줄 알았는데
유리처럼 깨져버린 자격시험
초라한 걸음을 보신 어머니
'짠맛을 봐야 단맛도 알게 되지'

소금꽃으로 핀 햇살처럼
짠맛을 겪을수록
익숙해지는 소금 한 꼬집

간간해지는 바람의 기억
짠맛을 단맛으로 바꾸시던
낡은 사진 속 어머니

숨은벽*

겁 없던 기억
멈추지 않는 바퀴처럼 살았다

　백운대와 인수봉 사이 보이지 않는 숨은벽과 밤골계곡의 숨은 폭포를 지나 백운대에서 2킬로미터, 전망 포인트에 다다르면 좌측은 인수봉, 백운대, 염초봉 내려다보면 해골바위, 물고기 바위에 올라가 인간사 바다를 굽어보면 멀리 도봉산도 보였지 치마처럼 펼쳐진 북한산 암벽을 오르는 사람이 보이고 우린 숨은벽에 다다닥 붙어 '야호 야호' 메아리를 부르다 더듬더듬 엉덩이를 바위에 붙이고 청바지가 구멍 날 정도로 비비적대며 밤골계곡까지 내려왔었다

　평생을 이름 없이 살다가
　느지막이 이름을 얻었다는 '숨은벽'

　절박한 벼랑 앞 거친 호흡의 시간 속에서 힘든 것은 숨기고
　좋은 것만 보이며 숨은벽처럼 그렇게

　느려진 걸음

이젠 드러내고 살 수 있을까

* 백운대와 인수봉 사이에 숨어 있는 능선이라 숨은벽.

기억

마곡동 스페이스K
도나후앙카 전시회
팔로산토 태우는 냄새
쇳조각이 부딪치는 소리
과거는 현재의 소리가 되고 냄새가 된다
하얀 벽 위에 세월은 흔적을 남기고
운명에 저항하던 몸부림은
일그러진 조각으로 서 있다
투영된 조각들 사이에서 나를 찾는다

서릿바람이 매서운 이월
아홉 살 때
논에서 할아버지의 유품을 태우고
마고자와 바지 위로 붉은 깃발들이 펄럭인다
아삭거리는 이랑의 눈 사이로
검은 꽃처럼 피어나는 연기
'내 강아지' 까끌까끌하던 수염으로 볼을 부비며
숭숭 빠진 치아로 웃으시던 할아버지
그을음으로 흩어진다
눈 위에서 곱은 손을 호호 불던 아홉 살 아이
〈

기억을 흔든 팔로산토 향
가물어져 가는 할아버지를 만났다

홀로서기

늦잠 잔 날
달아나는 지하철
꽃을 보지 않았다면
빨리 걸었더라면…
전광판을 힐끔 볼 뿐
더디게 흐르는 오 분

조급해진 마음
모래알처럼 꺼끌거리고
컴컴한 소음
달려오는 그림자

여섯 살쯤
아버지와 처음 탔던 전차
전봇대 같은 다리 사이
휘청거리는 어둠
'넘어지지 않게 꽉 잡아'
나를 지탱해 준 아버지
지하철을 타고
도착 예정 시간을 본다
〈

멀어지는 기억
오지 않은 시간이 익숙해진다

몸살

내가 폐암이라고…
인정하고 싶지 않지만
이미 몸에 둥지를 튼 놈
어쩌랴
표적 치료에 몸을 맡긴 그녀

불면에 시달리던 새벽
베란다 귀퉁이에 매년 두 대만 올라오던
군자란 꽃대, 세 대가 올라온 모습에 설레
-나 살아?
답은 듣지 못했지만,
말을 듣지 않던 수면제가 개운한 밤을 열어주었단다
언니 저도 그런 적 있어요
아무것도 아닌 것이 약이 될 때가…

유난히 꽃이 보글대는 봄
해마다 찾아오는 긴 몸살을
힘겹게 떨쳐내고
나도 꽃피려나 보다

둥근 풍경 속으로

나도 할 수 있을까?

남이섬에서 빌린 자전거 두려워하며 페달을 밟았다
달리는 듯하더니 고꾸라지며 무릎엔 빨간딱지
이 나이에 무슨…

친구는 매일 자전거를 탔고 한강 노을을 보면서 모두 씻기는 기분을 느꼈다고 말했다 도심을 벗어나고 유기견에도 쫓기지만 논길의 고요를 달렸다는 친구의 볼이 발그레하다

붉은 꽃을 피우는 석양이 보고 싶고, 고요를 물고 있는 논두렁을 달리고 싶지만, 자꾸 높아지는 할 수 없는 벽. 부러움이 타는 저녁 포기하지 않았더라면 겁을 쫓아냈더라면 물보라 같은 후회가 쏟아진다

앞으로만 달리는 자전거처럼
뒤로 갈 수 없는 나이
하고 싶은 일이 자꾸 쌓여간다

표면과 이면

떨어졌어요
침묵 속에 흐르는 한숨
기대했던 자격증 시험인데
괜찮다 괜찮다
자꾸 쓴맛이 고인다

공허감이 가득한 둘레길 아카시아 꽃비 내리고 꿀벌의 날개 요동치고, 들썩거리는 시냇물, 찔레꽃, 각시원추리, 때죽나무, 국수나무까지 경쟁하는 개화산

아스팔트 틈새 찢고 핀 여뀌와 바랭이
조심스럽게 흔들린다
지금 그대로의 네가 좋다고 했으면서도
겉과 속이 다른 내가 미워진다

초조한 눈빛에 무너진 네 어깨
기다리지 못해서 미안해

눈 속으로 날아드는 새

포말이 번진 하늘
철새들이 날아가고
카메라로 찍으려니 사라졌다
다시 보니 철새가 아니다

어느 날부터
이름도 모르는 새가
내 눈에 산다
걸을 때도 책을 볼 때도
시도 때도 없이 날아다닌다
의사는 비문증이라고
새의 이름을 말해준다
시간이 지나간 흔적에
둥지를 튼 철새
빽빽해진다
눈을 감고 살 수도 없고
지쳐가는 몸
날아오는 철새

같이 살기로 했다

쏟아지는 봄

영하 십오 도의 칼바람
서리꽃이 핀 창문
'외출'로 고정한 보일러
수돗물이 안 나온다
드라이어 바람에도 꿈쩍하지 않는다

이십만 원 공사 견적
만 원짜리 한 장도 없는데…
고민할 틈도 없이
공원 화장실에서 물을 담아 온다
가난이 출렁거리는 양동이
기우뚱거릴 때마다
마음은 자꾸 얼음이 된다

나뭇가지 눈이 툭 떨어질 즈음
끄르륵거리던 수도꼭지
봄을 쏟아냈다
그해 겨울은 느리게 지나갔고
동파의 기억이 사라지고
침묵하던 봄이 열렸다

나의 봄은 수도꼭지에서 나왔나 보다

시간의 허리

낙엽을 게워낸 나무
하얗게 분칠한 대지에 서 있고
구릿한 향을 묻혀 놓은 하늘
고요에 잠긴 공원

하늘까지 까마득한 계단
오르다가 멈추기를 여러 번
가빠진 호흡은 턱까지 차오르고
다급해진 숨은 자꾸 뒤를 돌아본다
아쉬움은 바싹 따라오고
내칠 수 없는 삶의 계단
한 치의 양보 없이 버티고 있다

한때는 무성했지만
지금은 삐뚤빼뚤한 평행선 나무 계단
봄을 기다리는 나무
바람처럼 사라지는 시간

내려갈 것인지
오를 것인지
방향을 잃고
멈춘 시간의 허리

책갈피

임신 6개월의 하혈
심장 소리가 약해요 장담할 수 없습니다
의사는 말했고
오그라진 심장으로 보냈던 사 개월
분만실에 터진 울음소리
삼월의 기적이었지

아기 머리가 왜 이렇게 커
엉덩이를 너무 세게 때려 멍이 들었네
다 좋았어
별빛보다 빛나는 너를 만났으니까

취준생 생활이 버거웠던 스물여섯 살
'엄마 삼 년 후에 자동차 사 드릴게요'
결혼 기념 카드를 책갈피로 만들었지

사 년여 취업 준비에 지친 너
'괜찮아 괜찮아'
'아무 말도 하지 마세요'
〈

네가 견딜수록
나는 왜 자꾸 미안해질까?

바짝 구운 거짓말

열 살이 갓 넘었을 때였지

아버지 숟갈 드실 때까지
마른침 꿀꺽이는 소리만 났어
막내가 한 점 집는 순간, 첫째가 툭 쳤지
-언니가 때려
-아기잖아, 그냥 둬라
꾸지람하는 엄마
첫째 입엔 뿔이 달렸지
봄처럼 웃던 아버지, 막내 밥그릇에 고기 한 점
한순간에 사라진 고기
덩그러니 남은 빈 접시
그때 알았지
엄마는 한 점도 드시지 않았던 것을

허락 없이 흐르는 시간

요양병원에 계셨던 엄마
-뭐 드시고 싶어
-구운 소고기

기름장에 찍어 맛나게 드셨지

엄마도 고기를 좋아하셨어

어린 이름을 묻고

삼베옷 입은 서른두 살 딸
부둥켜안고 꺽꺽 우는 그녀
미안해 미안해
중얼거리며 흔들리는 어깨
하얘진 머릿속
내가 할 수 있는 건 없었지

삼 일째 되던 날
쏟아지는 폭우
동그란 항아리에 담긴
피지 못한 하얀 꽃
훌쩍거리는 그녀의 숨소리
일주일 내내 내리던 비

-벌써 삼 년이 지났네, 어떻게 지내
-그냥 지내지 뭐
전화기 너머 들리는
삶과 죽음 사이의 축축한 그녀 목소리

나비

엄마 임종 때 받은 금목걸이
세 자매의 나비 팔찌로 만들었지

파킨슨으로 누워 계셨던 엄마는 여행을 좋아했어
'나는 나비가 되고 싶다'
'왜'
'어디든지 날아갈 수 있잖아'

그때부터였어
여행 갈 때마다 꼭 팔찌를 했지
엄마랑 가고 싶어서

파도의 수다가 메밀꽃으로 피고
멈춘 시간을 허물던 바닷가

잊혀진 바람 타고
금빛 나비 너울거리는

손목에 사는 나비

알 수 없는 내일

너머는 알 수 없는 내일이다

광명항에 도착한 배, 환상의 길을 거쳐 삐죽빼죽한 돌이 있는 해변, 바닷길 지나 산길로 접어들었다 가파른 호룡곡산의 울퉁불퉁한 바위, 푸름 속에 잠긴 해녀도가 보였다 무의도 초등학교까지 5킬로미터, 두 시간 삼십 분, 숨 가쁘게 걸었다
  털썩 주저앉는 10살 아이
  -저기만 넘으면 된다
  어르는 말에 속아 걸었지

구불구불한 길 몇 번을 넘어서야 도착한 외할머니 집, 쪼글쪼글한 손으로 벗겨주시던 노랑 고구마, 삐죽대던 입, 호박꽃으로 피곤했지

마른 잎에 뒹굴던 햇살 별처럼 빛나고
겨울의 기억으로 찾아간 외갓집
색 바랜 바람이 앉은 감나무
하늘로 뿌리내린 채 할머니 집을 지킨다

너머에서 기다리던 할머니

안개처럼 사라졌지

너머는 알 수 없는 내일

아버지의 솟대

삼십구 도의 열
기침이 쏟아지던 밤
버거운 아침을 맞이했지
문득 아버지가 보고 싶어졌어

하꼬방집이라 불렸지
좁은 마당
작은 마루가 연결된 안방과 건넌방
비좁은 계단 아래는 화장실
위에는 된장, 고추장 항아리 몇 개
새 날갯짓처럼 팔딱거리는 빨래
빨래판에 치대던 가난
어머니의 굽어지는 등 보며
내 꿈은 툇마루에서 자랐지
막걸리에 노래 한잔
가득 부어 마신 아버지
코골이 노래를 부르곤 했지

새벽 다섯 시면
어김없이 일 나가던 아버지
없는 살림에 잘해주지 못한 마음

어디선가 보았던
마을을 지키는 솟대를 생각하며
허드레나무로 만들어주셨지

그땐 몰랐어
아버지 꿈이 담긴 솟대라는 걸

2부

뜨거웠던 오월의 문

찔레 향

익숙한 냄새
어디서 나는 것일까?

아파트 주차장 울타리
올망졸망한 장미
이 냄새가 아니다
재활용 뒤편 후미진 곳
나풀거리는 노란 꽃술

'내 고향 무의도 우물가
가물 때 피던 찔레꽃
밤꽃 따라 피었지
따 먹다 가시에 찔리고
향기 따라다니던 오월
그때가 좋았지'
노래처럼 들었던
찔레꽃 엄마 이야기

짠바람 부는 날
희끗희끗한 세월
멀어질수록 짙어지는 찔레 향

식지 않는 밥

뭉뚝한 중지와 약지엔 손톱이 없다

교사를 마다하고 경찰에 도전한 아버지
걸림돌이 된 158센티의 키
돈을 많이 준다는 공작 창에서
금속 절삭기계는 중지와 약지의 마디를 삼켜버렸고
해고 통지서가 날아왔다
첫돌을 넘은 딸과 아내를 보며
'밥은 먹어야지'
흙손을 들고 미장을 시작하셨다

꿈이 날아간 빈자리
소주 한잔과 담배 한 모금으로 채우셨다
비나 눈이 오면
통증으로 시큰거리는 손가락을 만지셨다

밥과 꿈을 바꿔치기한 아버지
끝내 자라지 못한 반 마디 손가락과 함께 먼 길 떠나셨다

먹고 사는 게 뭐라고

그날 하늘에선
하얀 밥알이 하염없이 내렸다

씀바귀 커피

'아빠! 아빠'
난청 때문에 큰 소리로 부른다
빼꼼히 열린 문 사이로
치아 없는 입에 핀 함박꽃
가쁜 숨소리가 다가온다
죽과 과일을 주섬주섬 옮긴다
'어이쿠, 이 많은 걸 누가 먹으라고'
위를 절제한 아버지는 먹는 것에 관심이 없다
'아빠 뭐 해 드릴까?'
'커피나 마셔볼까?'
하얀 꽃을 피워 올리는 커피를
창가에 올려놓는다
'얼른 드시지 왜요'
'응, 식으라고'

씀바귀처럼 쓰다면서도
커피 냄새를 좋아하셨던 엄마
아빠 커피를
창가에 올려놓고
향을 맡는 걸 좋아하셨지
〈

방 안 가득 향은 퍼지고
커피는 온기를 잃어간다
창밖의 벌레 먹은 감나무잎
자꾸 떨어진다

붉은 문
- 5월 21일

뜨거웠던 오월의 문
여섯 명의 호위를 받던 날
끊어진 기타 줄같이 조용한 엄마

하늘은 바다보다 더 파랗고
장례식장 담벼락
빨간 거미줄을 친 장미는 찬란했지

말을 잊은 아버지
잦은 호흡곤란에 손을 떠나지 않는 천식 흡입기
동생도 나도
우는 것을 잊어버린 것처럼 보냈던 삼 일

이별을 예감한 시간
코끝을 스치는 수상한 바람
철 침대에 누운 어머니
사라지는 검은 휘장을 두른 나무관
육중한 철문 안으로 사라지고
유리창 너머로 보이는 순간

쌕쌕거리는 쇳소리

아버지가 크게 소리쳤어
-불 들어간대…
뜨거우니까 어여 나와

지워지지 않는 자국

아버지 보러 바쁘게 달려간 날
말없이 내리는 겨울비
링거에서 떨어진 수액
혈관에 스며들어
부르튼 입술과 퍼석한 피부를 적신다

달싹거리던 숨소리 멀어지고
굼떠지는 산소호흡기 숫자
마침내 밑줄을 그어 버렸다
사막 같은 손등에서 바늘이 분리되고
떨어질 곳 잃어버린 방울
유리병 안에 매달려 있다

감긴 눈꺼풀
얼음 같은 손
뜨거운 방울 떨궈보지만
흘러내릴 뿐
하얀 보가 덮이자
격하게 창을 때리던 빗방울

유리창에 붙어 있는 빗방울

집과 나무까지 얼룩빼기로 보인다
없애보려 문지를수록
뽀득거릴 뿐 기억은 선명해진다

오 년이 지났는데도

쑥 향

서리가 내렸던 자리
어찌 알고
푸른 것들이 여기저기 뾰족하게 올라온다

집에 오는 길
떡집 앞에 진열된 쑥개떡
만 원에 세 팩을 사서 허기진 배를 채운다

봄이면 뒷산에서 밭에서
쪼그리고 앉은 어머니
함볼까,
무릎이 와 이카노
찌푸려지는 얼굴에도
쉬지 않는 손
쪄서 다지고 뭉치고 또 찌고
묵어봐라 고마
투박한 손에 얹어진 쑥개떡
이젠 받을 수 없다

한입 가득 퍼지는 쑥 향
봄마다 가슴에 피는 어머니

이 년이 지난 쑥 향에
코끝이 가렵다

벚꽃 편지

어머니 마음을 잃어버렸어요

딱 한 번 받은 편지
소중하게 잘 둔다고 됐는데
어디에다 두었을까요
벚꽃이 그려져 있던 종이에
삐뚤빼뚤 맞춤법도 맞지 않는
지금은 받을 수 없는 편지

'맘에 없는 말도 하고 못난 어미 땜에 속도 상하고 어미 속도 안 좋다
 들었던 말 생각 말거라 미안하다 사랑한다 에미 올림'

묵은 책 사이 메케한 먼지
재채기가 자꾸 나요

벚꽃이 피면
삐뚤빼뚤한 어머니 마음을
찾을 수 있을까요

건널목

건널목 신호를 무시하고
제트기로 건너시던 어머니
파킨슨 진단을 받으셨다

힘없는 다리
지팡이를 친구로 삼으셨고
서릿바람 불던 어느 날
옴짝달싹 못 하고 네 개의 다리 위에 누우셨다
어머니 만나고 병실을 나설 때
아쉬운 마음을 쫓아내듯
'차 조심하고, 이쪽저쪽 잘 보고 다녀'
똑같은 말을 건넨다

파란불 깜빡이는 세월의 건널목
5년이 넘도록 건너고 계신 어머니
구부정한 시선 외로운 미소

어머니 어서 이쪽으로 와요
나는 건너다 말고 뒤를 돌아본다

폭설

백발이 된 승화원
구부정한 허리와 황반변성
반쪽 폐로 버거웠던 시간
한 줌이 된 아버지
이름 석 자 새겨진 항아리에 들어가셨다

봉안당 입구 언덕배기
오르지 못해 주저앉은 버스
한 사람, 두 사람 걸을 때마다
삐뚤삐뚤 따라가는 발자국
햇볕에 바랜 눈
발끝을 적시고
기억은 질척거렸다

어머니 떠나신 날
입술을 깨물고 있는 나에게
아버지는
'애쓰지 말라 울어야 잊힌다'

십일월의 적막한 봉안당
날리는 눈발

아버지를 만난 것처럼
참았던 눈이 다시 내린다

그리움이 발등으로 툭 툭

찌르, 찌르릇 찌르레기가 우네

해가 새벽길 건너오면
반찬 없는 죽 훌훌 드시고
야구모자 쓰고 집을 나서는 아버지

스무 살 된 소나무 사이
찢어진 구름이 흐르고
울퉁불퉁한 흙길 한적한 풀숲
멋대로 자란 잎에 대롱대롱 달린 이슬
초록 냄새 실어 오는 묵은 바람
굽어진 등을 지팡이에 의지한 채
느릿하게 걸으시던 아버지

먼지 쌓인 나무 의자에 기대던
45킬로그램의 야윈 몸
찌르, 찌르릇 찌르레기 소리
별일 없지, 말을 건넨다
그르렁거리며 목에서 나던 쇳소리

황반변성으로 흐릿해진 길

내려놓고 먼 길 떠나신 아버지

소나기 내린 오후 무작정 찾아간 그 길
반쪽짜리 폐에서 가빠진 아버지 숨소리가 들린다
흥건해진 그리움
어쩐다

공짜 DNA

엄마에게 비밀방이 있다
휴지와 간장도 받아오더니
프라이팬, 튀김기, 전기밥솥, 영양제에 옥매트까지
아빠가 모르는 물건이 쌓였다

공짜라고 말하는 엄마
'이 세상에 공짜가 어딨어! 속아서 사는 거지'

10년째 주인 없는 비밀방
미처 하지 못한 말
버리지 못한 이야기
가만가만 먼지로 쌓여 있고
아빠와 불통의 공간을 채웠던
수두룩한 무료와 유료를 치웠다

설문지 적고 받은 무료 반찬통
솔깃해서 받았다
빼곡한 수납장

공짜 DNA 나도 있었다

밥그릇

어린 시절
유난히 커 보이던 아버지 밥그릇
침이 넘어가곤 했지
스무 살, 비슷해진 밥그릇
암 수술로 식도와 대장을 연결하신 아버지

고달픈 시간
다진 야채 넣고 흐물흐물하게 끓인 죽
반 공기 담아 잇몸으로 드셨지
실룩거리는 주름진 입술
쭈글쭈글한 손으로 쓱 닦는 아버지

삼 년째 비어 있는 아버지 밥그릇
그리움만 고봉으로 쌓여 있다

'맛있는 밥이 다 되었습니다' 압력밥솥 소리
구수한 밥 냄새의 유혹
위염이 있어 반 공기 담았다
살다 보니 닮아버린 반 그릇

그땐 그랬지

양은 냄비는 낡은 시간을 덜거덕거리고
폐지를 싣고 오르막길을 오르는 뒤뚱거리는 손수레
노파의 손목에는 질긴 세월이 붙어 있고
듬성듬성 머리에 핀 하얀 꽃

요양병원에 5년간 누워 계셨던 어머니
쩐 가난에 월말이 오는 것이 무서웠다
외삼촌이 준 용돈을 받고 좋아하셨지
빈 지갑이 미웠고 구차한 마음에 불던 찬 바람
어머니가 건강하셨으면
돈이 많으셨으면
받고 싶지 않았던 가난마저
벽돌처럼 어깨 위로 자꾸 쌓였다

어느덧 짐을 질 수 있는 처지가 되었는데
팔 년 전, 짐을 벗겨주고 가신 어머니
좋아하시던 연시 하나에도 가격표를 봤던 것이 부끄럽다

멀어지는 손수레
그무러지는 마음
쏟아지는 가을 햇살 자꾸 눈이 시리다

어머니 발톱

빗살처럼 쏟아지는
고운 햇살 덮고 잠든 엄마

외출 나온 듯 투박하고 긴 발톱
깎아달라는 요양보호사의 말에
핑계를 대고 나와
은행알을 피해 걷는데도
쫓아오는 고약한 냄새

다음날도
자꾸 떨어지는 은행잎
웃는 어머니 옆에서
두툼한 발톱 들어가지 않는 손톱깎이
건네받은 원예 가위로
흔들리는 두려움 마른침으로 삼키며
흙빛 발톱이 부서지고
눈처럼 떨어지는 하얀 각질
서툰 가위질
이불에 번지는 피

비릿함이 묻었던 붉은 기억

돌아오는 길

천안 동남구 피득이 마을
1차선 도로를 벗어나 좁은 언덕길 오르면
빨간 양철지붕 할머니 집

툇마루와 작은 텃밭
상추와 대파, 탱글탱글한 방울토마토, 길쭉한 오이까지
금낭화, 나팔꽃, 오랑캐꽃, 금계국, 고들빼기, 물싸리, 채송화까지
할머니 손길 사라진 텃밭에 잡초 가득하고
바람에 날리던 백발
깊숙한 주름마다 고였던 웃음
사라진 기억이다

씨앗 한 움큼 텃밭에 뿌리고
돌아오는 길
무뚝뚝한 햇살과 낯선 바람
배웅받는 정류장
비포장도로 뽀얀 먼지 속 달려오는 700번 버스

먼지 덮인 오래된 나무 의자
벌떡 일어나 달려간다

장대비

엄마 유품 정리하는데
구석에 떨어진 빗
외로웠나?
퀴퀴한 먼지 한 움큼 쥐고 있다

작아서 좋다며
호주머니에 넣고 다니시던 빗
요양병원에 들어가신 후
엄마가 오기를 기다렸겠지

가방에 넣고
집으로 오는 길
회색빛 하늘이
참았던 장대비를 퍼붓는다
우산도 없는데

3부

추억은 우편함에 먼지처럼 쌓여

습기

눅눅하게 쌓이다
벽에 묻히고
바닥에 고이고
창틀에 그리는 검은 얼룩

몇 날 며칠을 그렸을까

거미줄을 그리고
탈출하지 못한 질서 덧칠하며
비밀을 털어놓는다

벨벳에서 시작되어
푸른빛 안개로 피어
시간을 따라 흐르는 그러데이션
묵직한 날개 펼치고
예측할 수 없는 추상화를 그린다

보이지 않는 손

반쪽 사랑

늦잠을 잔 북새통 아침
허둥지둥 출근하는 딸
아침밥은 눈길도 주지 않고 시계를 본다
허겁지겁 벗기다
속살 떨어진 반쪽 계란을 내민다
마음도 반쪽
엄마 사랑의 흔적이야
입 안에 넣고 현관을 나선다
사는 게 뭔지
먹고 사는 게 먼저라나…
살랑대던 머리카락도
싱긋거리는 입술도 눈도 엘리베이터 속에 갇혔다
흔들던 손이 쑥스러운 듯 호주머니로 숨었다

삼십 년 전 빌라 계단에서 손 흔들던 엄마
허전한 반쪽으로 밀고 들어온 바람 한 점
그땐 왜 몰랐을까

건더기가 없다

너를 만나러 가는 길
솜사탕 구름도
눈앞에서 나풀거리는 벚꽃도
빙그르르 춤을 추었지

연병장에 선 까만 얼굴
하얗게 반짝이는 너에게 달려가
두드리고 만져보는데 눈앞이 흐려져
네가 사라질까 봐 안아버렸지

병사식당에서 먹는 점심
반찬 세 개, 밥, 콩나물국
국에 건더기가 안 보여
휘휘 저어서 건진 콩나물
몇 가닥 너에게 주었지

여섯 시간을 달려와
깜박임조차 아까운 두 시간의 만남
건더기 없는 국
짭조름해져서 먹을 수가 없었지

기억 산책

아침밥 먹다가
군대 간 아들 생각에 울컥해서 돌아보니
빈방을 지키는 엄지
12년간 함께한 시간을 기억하는 듯
찔끔거리는 눈

현관을 나서자, 뛸 듯이 달린다
공원 쪽으로 가려 하자 고집을 부리고
건널목을 건너 이쪽저쪽을 기웃거리고
한참 끌려다니다 보니
아들과 함께 다녔던 길이다
가다 서다 반복하며 아들을 찾는 엄지

닿지 않는 시간
삐걱거리는 불안에 부스스한 얼굴
실바람이 스친다
누런 목련잎 떨어지고
쳐다보는 엄지

너만 그리운 게 아니거든

나도 보고 싶어

* 강아지 이름.

그게 뭐라고

소한 지나 대한으로 가는 길목
코가 시린 저녁
김치찌개로 정해진 메뉴
라면을 넣을까
참치를 넣을까
어묵을 넣을까
고민하다 가위바위보!
참치캔이다
뻥, 맛있는 소리에 두 아이의 눈동자가 달려온다

김치 뭉텅이에 사 등분 한 참치를 넣고
남은 것은 냉동실에 보관한다
'다 넣지'
'안돼 다음에 먹어야지'
삐죽거리는 작은아이 볼멘 입
어색하게 흐르는 시간

찌개를 데우던 불꽃
가슴으로 옮겨붙어 숯덩이가 되고
짭조름한 액체는 허물어진 눈 속에 고인다
〈

나는 지금도 김치찌개에
참치 한 캔을 몽땅 넣지 못한다

느린 걸음

이월의 보름날
입대하는 아들과 진주 가는 길
하얗게 덮어버린 세상

진주 대평면 내촌리의 저녁
농악 소리 따라가 보니
쌓여 있는 나뭇가지
불덩이로 밀어 넣자
보름달을 향해 치솟는다
'아들 잘 갔다 오렴'
답이 없다
세상을 태워버릴 듯 솟는 불덩이
어깨너머로 너울대는 불꽃
남편과 아들 얼굴에 춤추는 붉은 얼룩
시커먼 잿더미 뒹구는 들판
멈춘 것 같았던 시간이 다시 흐르고
무언無言 속에서 끝난 불놀이

밤을 지새운 아침
하얗게 진눈깨비가 내렸다
연병장에서 큰절하는 너의 모습

그림자처럼 따라오고
떨어지지 않는 발이 질척거렸다

안녕 미역국

남편 생일날 아침
미역국 끓여줬니?
구월이면 꼬박 울리는 시어머니 전화
내 생일날 전화는
삼십 년 동안 먹통인데…
가슴에 하나둘 쌓인 돌멩이
미역국이 뭐라고

내 마음을 아는 듯
딸이 끓여준 미역국
밥 한 그릇이 뚝딱이다
어느 날 생일 아침
미역국이 보이지 않는다
깜박했나?
비는 내리고 울적하다
출근한 딸의 전화
엄마, 미역국 간이 어때?
으응, 얼버무리고 보니
냉장고 구석에 보이는 소고기미역국
한소끔 끓이니
꿀맛이 따로 없다

〈
하루 종일 오락가락하는 비
미역국이 뭐라고

왜 안 보였을까

가족 초청 회식하던 날
오십여 명의 수다가 들썩거리는 정원
불판은 지글거리고
벚꽃잎은 고기 위에서 나풀거렸지

평소 먹지 못하던 고기여서
열 살 된 딸이 배부르다 손을 저어도
한 점이라도 더 먹이려 쉴 새 없는 젓가락
불 향으로 가득했던 사월의 밤

벚꽃잎 이십여 년 피고 지고
메뉴를 고민하던 저녁
불갈비 먹고 싶다는 딸
스멀스멀 올라오는 불 향

그땐 벚꽃을 보지 못했어
왜 안 보였을까?
고기 한 점을 오물거리던
너의 입이 벚꽃보다 예뻤으니까

그렇게 말해서 미안해

지친 나를 위해
순두붓국을 끓이는 아들
멸치와 다시마를 넣다가
사기그릇이 깨졌다

- 네가 점심 해 주는 것보다 한 살 더 먹기 전에 취직했으면 좋겠어

속도 모르고
싫은 소리를 엎지르고 말았다
흐트러진 조각을 담던 아들 손에서
빨간 마음이 배어 나온다

- 나도 하고 싶은데 안 되는 걸 어떡해, 엄마는 다 이뤘냐고

임계점을 넘은 순두붓국
좌절이 끓고 있다

기억의 뜰

논밭은 공원이 되었다

나무들이 울창하고 아파트가 세워지고
보도블록에서 달리기하는 아이들

카나다엉겅퀴, 금계국, 개망초, 자주개자리 이팝나무
화장실 옆 웅크린 막걸릿병과 소주병
누구의 슬픔일까

초원 빌, 코스코 빌, 발산 초등학교 옆 예일 캐슬
옥잠화, 머위나물, 방풍나물이 있는 정원
추억은 우편함에 먼지처럼 쌓여 있고
멈춰 있는 녹슨 자전거
나는 깨진 분리 수거통처럼 서 있다

끊임없이 변하는 세상
새로 단장한 논밭에 떠밀려
낡은 그림처럼 걸려 있는 옛 빌라

낯선 거리에서
선명한 과거를 보는 눈의 기억

식어버린 된장국

삼십 년 전 겨울이었지
서툰 손길로 준비한 된장국과 멸치볶음 저녁
부스럭거리는 기다림
빼꼼히 열리는 현관문
'냄새 좋다'
한 숟갈 뜨더니
시큰둥해진 당신

'뭐지'
적막한 시간
돌 부스러기 같은 밥
'어디 가'
붙잡는 소리를 팽개치고
무조건 집을 나섰지

보고 싶지도 않고
멀리 가버리고 싶었는데
가야 할 곳이 없고
내리는 싸락눈
〈

서럽게 식어버린
싱거운 된장국

바람이라면

오랜만에 갔었지
가물가물한 배다리
헉헉대며 걷던 홍예문
맥아더 동상
눈물 콧물 흘리던 신포동 쫄면

아직도 들려
앞니가 드러나게 웃던 너의 웃음소리
월미도 앞바다 보며
보인다, 보여
호들갑을 떨었지

되돌린 시간에서 만난 너
풋풋한 소녀 그대로네
기집애, 보고 싶었어
꼭 안아주고 싶다

빼빼하던 플라타너스
아름드리 자랐더라
나무의 시간은 반대인가 봐

닿을 수 없는 너
바람이라면 좋겠다

만남

삼십 년 만에 미선이를 만나는 날
흥분해서 보낸 하얀 밤

한가한 전철
깜박 잠이 든 나는 3년 전 돌아가신 아버지를 만났다
환히 웃는 모습 손이 닿을 듯한데
'백운역' 소리에 놀라 내린다

광장 귀퉁이, 버거운 햇살을 이고 조는 할머니
펼쳐놓은 천 위에
서리콩 완두콩 메주콩 녹두콩
비둘기는 새털 걸음으로 콕콕 먹는다
꿈에서 도둑을 만났을 할머니 소스라치며
훠이훠이 소리친다

아버지가 보고 싶은 나는 졸음의 유혹을 그리워하며
카페에 들어서니
보조개가 예쁜 미선이가 보이고
캐모마일에 추억을 담아 창가에 앉았다

그녀가 물었다
아버지 잘 계시지!

낮잠

축축한 땀으로 얼룩졌던 칠월
고무줄놀이가 한창이고
백일 된 동생을 업고 있는 여덟 살
아이들이 폴짝거릴 때마다
고무줄처럼 출렁거려 서러웠지

헐거워진 포대기 조이다
바닥으로 떨어진 동생
허공을 찢는 울음소리
동생을 업고 번개처럼 달렸지

친구도 집도 멀어지고
울다 지친 동생은 잠들고
걷다 지쳐버린 아이
하늘이 붉어질 때까지 그렁그렁하게 보냈지

두려웠던 하루
노을빛으로 숨어버린 비밀

선홍빛 저녁
울리는 전화벨

-언니 뭐 해, 별일 없지?
참 딱했던 여덟 살

한 척의 가족

묵화 같은 갯벌
썰물에 묶인 허름한 배 한 척

하늘이 벌어지고
바닷물이 빠져나간 자리
젖은 흙이 울렁거린다
불꽃 같은 노을
미친 듯 타오르는 갯벌
어스름이 내려앉은 순천만

초록 솜털이 붙은 갈대숲은
시작과 끝을 알 수 없다
사이를 빠져나가는 바람의 노래
움직일 수 없는 서로를 비비며 흔들린다

끈에 묶인 배처럼
서로 닮은 갈대처럼
흐릿해지는 시간 속에서
고만고만한 사람들이
떠나지 못하고
낡은 배 속에서 부대끼며 산다

호제비꽃

콘크리트에 둘러싸인 삶
깨트릴 수 없어서
동네 구릉에 오른다

상수리나무, 굴참나무, 소나무
반겨주는 초록 향
벤치에서 흙과 동당거리며
속을 풀어 놓는다

아른거리는 보랏빛
흙냄새 가까이
말갛게 핀 호제비꽃

아무도 보지 않는 벤치 밑에서
주저하지 않고
눈치 보지 않고
실바람에 건들거린다

4부

초록을 쓰다듬는 바람의 언어

무의도

바다 너머 태어난 어머니
해풍 맞은 파도의 기억
지웠다가 그렸지!

섬의 딸로 피어나
도시의 불빛에 마음을 내주고
낡은 편지로 살았던 시간

하늘과 맞닿은 바다
언덕에 올라
잊힌 바람의 자장가
한 발짝마다
물결처럼 흔들렸지

시간이 지나도
꼿꼿한 섬
철썩거리며 안아주는 바다
무의도는
고요한 어머니의 기도

별의 흔적

북간도 명동촌에 그가 없었다

교복에 드리워진 먼지
도식화되어 전시된 궤적
빛바랜 언어로 남아 있는 별
박제처럼 말라붙은 전시관 사진
항아리와 무쇠솥이 지키는 빈집
벽을 더듬고 나무 바닥을 만져보지만
정지된 호흡에 무더운 바람이 묻어있다

돌 위에는 꽃의 언어
초록을 쓰다듬는 바람의 언어
꿈을 그리는 작은 손
발자국 없는 봄이 피었다

동주 그림자 어리는 저녁
맹렬한 바람과 비가 찾아왔다
보이지 않는 별
바람이라도 스치면 좋으련만
눈을 감아도
부끄러운 침묵뿐

끝내 전하지 못하고
어둠에 묻고 온 말

별 하나의 봄

알아듣지 못한 말

잿빛 하늘
칭얼대듯 뿌려지는 비
나뭇잎에 낙서하는 아침

묵은 바람은 휑한 터를 비질하고
늙은 비석은 세월을 지킨다
세파에 말라버린 둥치
무심한 돌계단 위
낡은 정자에 자리 잡은 거미집 여러 채
피비린내를 피해
맑고 푸름을 좇은 선비
홀로 정자에 앉아 오백 년 넘은 신선차를 마시고
흔적 없이 사라질 제
암자에는 갈맷빛 고요만 가득하다

역사의 어귀 서성이며
선비의 넋 좇아보지만
말라버린 유허지
치매 걸린 역사로 침묵한다

무성히 자라는 산나물

선비는 어디로 갔을까?
긴 세월 돌아 흐르던 바람은 알까?
바람이 전하는 말, 알아듣지 못한 채
멀어지는 선비 집

꼿꼿한 천지

가질 수는 없어서 마음에 담았지

하늘이 낮아지고
푸름은 삭막해지고
나무는 높아지고
구름이 내려오는 롤러코스터길

침엽수림, 사시나무, 느릅나무, 신갈나무, 점박이 자작나무
적막을 헤치고 커지는 버스의 엔진소리
먹먹해지는 귀
가까워지는 하늘 전망대

몇백만 년을 살아온 백두산
머리는 하얗고
치마처럼 두른 울퉁불퉁한 검은 마그마
하늘을 이고 있는 거대한 천지
오뉴월에 부는 난데없는 칼바람
하얗고 푸른 얼음별 빠질 듯 바들거리며
매미처럼 난간에 하염없이 붙어 있다
〈

개벽을 보고 내려오는 길
눈에 넣으려 가슴에 담으려 해도
구겨지지 않는 꼿꼿한 천지
그냥 두고 내려왔다

이기고 싶어요

추석에 열두 명이 던진 윷
내 말㎱은 백 원 동전
물러설 수 없었죠
저녁 내기 때문만은 아니에요
불가능해 보이지만
꼭 이기고 싶었거든요

도시가스가 끊긴 방
틈새로 회오리바람이 들어와요
돼지 저금통을 열었더니
백 원짜리 동전이 쏟아지고
보일러 심장 소리가 크게 들려요
춥다고 물러설 수는 없잖아요

백 원짜리 동전을 보면
두려움을 용기로 바꿀 수 있다는 그의 말
공포가 사라져요

반물빛 저금통을 준비해야겠어요
잊을 수 없으니까요
사백 년 전의 그와
함께 울고 웃으며 살고 있어요

들깨 순두부

경주 들깨 순두붓집
구부정하게 앉은 할머니
힘겹게 들어 올린 세월 한 숟갈
주름진 입으로 옮긴다
지팡이에 의지한 채 나가시고
멀어지는 모닝 차
주차장 배롱나무 꽃잎이 자꾸 붉어졌다

팔 년 전 여름
심심한 것을 좋아하던 어머니
척추관 협착증 시술 마치고
찾은 들깨 순두붓집
훌훌 말아서 한 그릇 다 드시고
입을 쓰윽 문지르시며 '부족하지 않나…'
그제야 내 그릇을 보시며 미안해하셨던 어머니

식당으로 돌아오니
식어버린 순두부, 들깨 냄새만 코끝을 맴돈다

녹음보다 짙어가는 그리움
몇 번의 더위가 지나야 끝나는 걸까

골목길

가을볕 쏟아지는 성북동
구불구불한 성곽길
북정마을에 멈춘 버스
노란 눈이 내린 골목길
미끄러질까?
조심조심 내려온다

어릴 적,
골목 끝 전봇대 옆 우리 집
눈 내리면 연탄재가 덮이고
어둠이 덮은 골목길
겁 많은 아이 냅다 뛰다
어둠을 달리다 넘어져
바지에 핀 붉은 꽃
아픈 줄도 모르고 바람처럼 달렸었지

어느 사이
세월에 치여 욱신거리는 무릎
달음박질도 못 하고
난간 잡고 더듬더듬 내려온다

석평리

여덟 시간을 달려온 길
찜통 무더위도 날려버린 석평리
설레는 냄새 가득한
법석한 만남

700년의 비자나무 곁
낮도 밤도 아끼며
남해 시인 마을이 둥지를 틀었다
어스름을 열고 맞이한
깊고 푸른 남해의 아침
파도의 울렁거림이
가슴까지 밀려오고
끈덕한 바람
시큼한 바닷내음
푸르던 바닷길에
붉은 다이아몬드길이 열린다

별이 내려와 쉬고
시인은 노래 부른다

노을

어둠이 내려앉은 시간
매일 다른 색으로 열리는 사과
커다랗고 붉게 빛난다
언제든 먹을 수 있게 냉장고에 넣어두고 싶다
한입 먹으면 어떤 맛이 날까?

새벽 5시 나가는 남편
'내일은 쉬고 싶다'
헐레벌떡 출근하는 딸
'로또 맞으면 그만두고 싶어'

바쁘게 달렸던 하루
어둠이 사과를 삼켜 버리면 묵직한 피곤이 들어온다
볼그레한 사과 하나 깎으면
고단했던 하루가 벗겨지려나
붉은 껍질 벗기면
하얀 속내를 드러내겠지만
어느 땐 멍든 것도 보이고
속이 검게 병든 것도 있지
그럴 땐 도려내고 먹으면 되지
〈

멀쩡하기도 하고
병들기도 하면서
순서 없이 열리는 하루
가끔은 겉과 속이 다른 세상
뿌리칠 수 없어서
또 하루를 살아내곤 하지

8월 어느 날

코로나에 걸렸다
날아간 여행 티켓
비바람도 불고 어수선해져
책도 뒤적이다 노트북도 열어 보지만
어지럽고 멀미 나는 세상
무력감에 흔들거린다

달그락달그락, 속닥속닥,
살짝 열어 보니
거실엔 빨래 한가득
부엌에선 왔다 갔다 하는 남매
식탁에는 핸드폰 요리 강좌
인덕션 위에서 보글대는 냄비
눈이 마주친 딸
'엄마, 문 닫으세요'
얼마 후 들어오는 밥상
감잣국과 계란말이, 오이지까지

3박 4일 휴가를 내준 너희는
지루함과 통증을 가려주는 그늘이다

못난이 사과

북적거리는 슈퍼
'세일 세일' 매대에 붙어 있는 사람들
빠질쏘냐, 달라붙어 고르는 사과
빛깔 곱고 큰 놈으로 카트에 담는다
울퉁불퉁 못생긴 놈
사람 손에 치이다 모서리에 박혔다
열 개 담아 나오려다 머문 눈길
잘생긴 놈 하나 내려놓자 젊은 엄마 잽싸게 가져가고
빈자리 못생긴 놈으로 채운다

감자칼로 못난이 사과 벗기던 아들
'엄마 이것 봐, 꿀이네!'
'못생겨서 제일 나중에 깎았는데…'
내민 꿀사과 반쪽

보이는 게 다가 아닌가 보다
살다 보니 알겠더라

칠 년의 울음

우는 것이 전부일 때가 있다

뙤약볕에 찾은 나무 그늘
흙 구멍 뚫리고
꾸물꾸물 나무 위로 오르는 유충
머리 내밀고 펼치는 날개
마른 껍데기 위로
파도처럼 밀려오는 칠 년의 울음
잠자던 새벽을 두드린다

각질처럼 변한 육십 년
허물을 벗어야 날개가 생기려나
남은 날, 귀가 멍해지도록 울어야 깨지려나

신호등 없는 사거리
목적지 없는 바람이 불고
세월은 껍데기처럼 쌓여가는데

줄어드는 시간의 설움에 겨워
껍데기 속에서
버둥대다 멈추기를 여러 번

젖은 몸뚱어리
자꾸만 생기는 옹이

바다로 간 붕어

심곡동 사거리
의미 없는 웃음이 지나가고
외투를 여민 사람들
캔 커피는 구겨진 채 뒹군다

[세 마리 이천 원]
가로등 밑 붕어빵가게
반죽을 붓는 주름 많은 손
흘끔 볼 뿐 사는 사람은 없다
도로 건너편 벤치
먼지처럼 앉아 있던 노숙자
헝클어진 눈빛
붕어빵에 멈춘 시선
느릿하게 걷는다
붕어빵 굽던 아저씨 한 봉지 건네고
꺼져가는 불씨처럼 사라지는 노숙자

-여섯 마리 주세요

노숙자와 붕어빵 이야기 아들에게 들려줬더니
-팔다 남았나 보죠

차가운 벽 앞에 얼어버린 대화
-인정머리 없는 놈

따뜻한 것은 지워지고
차가운 바다로 돌아가 버린 붕어
차갑고 따뜻함의 거리가 멀다

낡아진 시간

느려진 회로
멈춘 프로그램
사라진 파일에 발만 구른다
세상의 속도 따라잡던 컴퓨터
늘어지는 로딩에 한숨이 깊어지고
바꾸는 시간이 다가온다

보는 것도 걷는 것도 판단하는 것까지
길어지는 로딩
느려지는 시간의 호흡
바꿀 수 없는 하드디스크
저장된 정보는
누군가의 삶으로 이어지기도 하지

낡은 기계가 먹통이 되고
가냘프던 숨이 멈추는 순간
서서히 올 때도 있지만
갑작스럽게 오기도 하지
살아온 데이터
누군가의 기억에 남기고
아득한 풍경 너머로 떠나야 하지

〈
느려지는 하드디스크
클릭하며 시간의 벽을 넘어간다

개망초
- 정인이를 생각하며

반가워하지도 않고
돌보려 하지도 않는
잡초로 태어났습니다

바람에 실려
한 뼘도 안 되는 흙에 뿌리를 내리려 안간힘을 썼습니다
잔뿌리 하나둘 내리고
작지만, 잎 하나 내어 눈부심을 보고
꽃 한 송이 피워 겨우 세상을 보았습니다

고약한 비구름 몰려오는 아침
우악한 굴착기 인정사정없이 휘둘러
하얗고 가녀린 허리로 버티다 엎어졌습니다
흙 속에서 떨다가 푸른 멍 안고 잠들었습니다

그날 밤 어둠을 찢으며 비바람 거칠게 불었고
꽃처럼 웃던 아기도 푸른 별이 되었다고 합니다

자물쇠

신정초교 교문 자물쇠는
오십 년 전 추억을 잠가 놓았다

바람은 담쟁이넝쿨을 흔들고
운동장 시계는 먹먹하게 흐른다
열 살도 아니고 육십 살도 아닌
남편이 손님처럼 서 있다

돌아서 나오는 길
햇살은 그무러지고
곰달래길이 멀어진다

❀해 설

시 사랑 가족 사랑 인간 사랑을 실천하다

이승하(시인, 문학평론가)

 오랜만에, 참으로 오랜만에 시집 원고를 읽으면서 가슴 벅찬 감동을 받았다. 김치찌개에 참치 한 캔을 몽땅 넣지 못하는 가난이 가족 간의 유대를 깨뜨리지 않음을 확인할 수 있었다. 해설자에게 가족이 사별하는 뼈아픈 시간과 가족이 사랑을 확인하는 따뜻한 시간을 선물해 준 김란 시인께 감사의 인사를 먼저 드리고 싶다.
 우리는 농경사회를 5천 년이나 유지해 왔다. 노동력이 필요했기 때문에 3대나 4대가 한 울타리 내에서 살았다. 아무리 가난해도 생기는 족족 아이를 낳아 형제가 열 명이 넘는 집도 있었다. 그런데 1961년에 쿠데타로 집권한 박정희 대통령은 '工業立國'의 기치를 높이 들었고, 공업단지를 울산·마산·구미·포항 등 여러 군데에 조성하였다. 서울에도 구로는 공업단지로 바뀌었다. 시골에서 땅을 일구고 살았던 청년들이 도시로 취직하러 떠났고, 나물 캐던 아가씨들이 도시에 가서 여공이, 버스 차장이, 다방

종업원이 되었다. 산동네라는 것이 생겨났고 '도시빈민'이란 새로운 계층이 형성되었다.

70년대부터 가옥의 구조가 바뀌기 시작했다. 수백 가구가 같은 구조 안에서 살아가는 아파트 단지가 세워지면서 우리네 삶의 양태가 바뀌기 시작해 지금은 대한민국 국민의 절반 이상이 아파트에서 살고 있다. 아파트는 부부가 각기 자기 방에서 살게 하였고 부모와 자식이 같이 지내지만 따로 살게 하였다. 가족이 동거인이 된 것이다. 그래서인지 오늘날 우리 사회의 가장 큰 문제는 빈부의 격차나 계층의 분화, 고용의 불안정, 노란봉투법 논란 같은 경제적인 문제가 아니라 가족의 해체가 아닌가 한다. 가족 간의 살상이 워낙 많아서 살인이 아니고는 뉴스가 되지 않는다. 아, 그렇지 않다. 작년 한 해 아동학대 신고 접수는 총 5만 242건으로, 직전 해(4만 8,522건)보다 3.5% 늘었다. 전체 신고 가운데 아동 본인의 신고가 차지하는 비중은 2020년 14%에서 지난해 28%로 늘었고, 부모의 신고도 같은 기간 16%에서 24%로 늘었다. 신고 건수 가운데 아동학대 전담 공무원 등의 조사를 거쳐 학대로 최종 판단된 사례는 2만 4,492건이었다. 시인은 「개망초」라는 시에서 정인이를 생각하며 "흙 속에서 떨다가 푸른 멍 안고 잠들었습니다", "꽃처럼 웃던 아기도 푸른 별이 되었다고 합니다"라고 하면서 그

불쌍한 아이의 넋을 위로한다.

  이런 시대에 김란 시인의 시집을 읽는 일은 각별하다. 젊은 독자는 시인이 얘기해주는 과거지사에 대해 나는 '라떼 이야기는 다 싫어, 지겨워'라고 말할지도 모르겠지만 한 편 두 편 읽어나가면서 왜 그 시절 이야기를 들을 필요가 있는지 조금씩 느끼면서 시의 세계로 빠져들 것이다. 일단 이 시 속의 이야기들이 상상력의 산물이 아니라 시인의 자전적인 이야기라고 생각하고 읽어나갈 참이다. 먼저 시인의 아버지를 뵙기로 하자.

    뭉뚝한 중지와 약지엔 손톱이 없다

    교사를 마다하고 경찰에 도전한 아버지
    걸림돌이 된 158센티의 키
    돈을 많이 준다는 공작 창에서
    금속 절삭기계는 중지와 약지의 마디를 삼켜버렸고
    해고 통지서가 날아왔다
    첫돌을 넘은 딸과 아내를 보며
    '밥은 먹어야지'
    흙손을 들고 미장을 시작하셨다

    꿈이 날아간 빈자리

소주 한잔과 담배 한 모금으로 채우셨다

비나 눈이 오면

통증으로 시큰거리는 손가락을 만지셨다

밥과 꿈을 바꿔치기한 아버지

끝내 자라지 못한 반 마디 손가락과 함께 먼 길 떠나셨다

먹고 사는 게 뭐라고

그날 하늘에선

하얀 밥알이 하염없이 내렸다

-「식지 않는 밥」부분

    교사에서 출발한 인생 행로가 경찰로 바뀌기를 원했지만 158cm의 작은 키가 걸림돌이 되었나 보다. 공작창에 취직했는데 금속 절삭기계가 중지와 약지의 마디를 삼켜버렸다. 산업재해를 입은 이에게 해고 통지서를 보낸 것은 명백히 폭력행위지만 그때는 그것을 수용할 수밖에 없었다. 아버지는 식구를 굶길 수 없어서 미장 일을 시작하셨다. 시의 세 번째 연이 눈물겹다. 꿈이 날아간 자리를 소주 한잔과 담배 한 모금으로 채우게 되었으니 말이다. 게다가 비나 눈이 오면 신경통 환자가 더욱더 힘들어하는 것처럼 통증으로 시큰거리는 손가락을

만지곤 하였다. 그러던 아버지가 "끝내 자라지 못한 반 마디 손가락과 함께 먼 길"을 떠나고 말았다. 가슴에 한을 품고 돌아가셨으리라. 그런데 그 아버지와 딸의 살가운 관계를 그린 시가 있다.

> 여섯 살쯤
> 아버지와 처음 탔던 전차
> 전봇대 같은 다리 사이
> 휘청거리는 어둠
> '넘어지지 않게 꽉 잡아'
> 나를 지탱해 준 아버지
>
> -「홀로서기」부분

아버지는 가족에게 버팀목 같은 존재였다. 한 집안의 기둥이었다. 작은 거인이었다. 하지만 세월은 아버지에게 주름살과 흰머리와 굽은 등과 황반변성을 가져다준다. 황반변성은 눈 조직 중 황반에 발생하는 변성으로, 시력 저하를 유발하는 퇴행성 질환이다. 황반은 망막의 중심을 가리킨다. "어쩐다"로 끝나는 시가 가슴이 쿵 내려앉게 한다.

> 먼지 쌓인 나무 의자에 기대던

45킬로그램의 야윈 몸

찌르, 찌르룻 찌르레기 소리

별일 없지, 말을 건넨다

그르렁거리며 목에서 나던 쇳소리

황반변성으로 흐릿해진 길

내려놓고 먼 길 떠나신 아버지

소나기 내린 오후 무작정 찾아간 그 길

반쪽짜리 폐에서 가빠진 아버지 숨소리가 들린다

흥건해진 그리움

어쩐다

- 「그리움이 발등으로 툭 툭」 후반부

  아버지는 키가 작은데 몸무게도 45kg까지 줄어들었다. 그런데 황반변성이 와서 시야가 흐려졌고 "반쪽짜리 폐에서 가빠진 아버지 숨소리"를 들었으니 딸의 심정이 어땠을까. "새벽 다섯 시면/어김없이 일 나가던 아버지"가 어느덧 연로하여 귀가 어두워졌을 때, 죽과 과일을 사 들고 뵈러 간 적이 있었다.

  '아빠! 아빠'

난청 때문에 큰 소리로 부른다

빼꼼히 열린 문 사이로

치아 없는 입에 핀 함박꽃

가쁜 숨소리가 다가온다

죽과 과일을 주섬주섬 옮긴다

'어이쿠, 이 많은 걸 누가 먹으라고'

위를 절제한 아버지는 먹는 것에 관심이 없다

'아빠 뭐 해 드릴까?'

'커피나 마셔볼까?'

하얀 꽃을 피워 올리는 커피를

창가에 올려놓는다

'얼른 드시지 왜요'

'응, 식으라고'

씀바귀처럼 쓰다면서도

커피 냄새를 좋아하셨던 엄마

아빠 커피를

창가에 올려놓고

향을 맡는 걸 좋아하셨지

- 「씀바귀 커피」 부분

이 한 편의 시만 봐도 아버지와 딸이 어떤 사이였는지

확연히 알 수 있다. 위 절개수술을 한 아버지에게 딸은 죽과 과일을 사 들고 갔는데 아버지는 커피 냄새를 맡기 원한다. 엄마가 커피 냄새를 좋아했기 때문에 먼저 간 아내의 체취를 맡는 양 커피 냄새를 맡고 싶어 한다. 방 안 가득 커피 향이 퍼지고 커피는 식어간다. 아버지가 세상을 하직하던 날의 일도 기억에 생생하다.

　　아버지 보러 바쁘게 달려간 날
　　말없이 내리는 겨울비
　　링거에서 떨어진 수액
　　혈관에 스며들어
　　부르튼 입술과 퍼석한 피부를 적신다

　　달싹거리던 숨소리 멀어지고
　　굼떠지는 산소호흡기 숫자
　　마침내 밑줄을 그어 버렸다
　　사막 같은 손등에서 바늘이 분리되고
　　떨어질 곳 잃어버린 방울
　　유리병 안에 매달려 있다

　　감긴 눈꺼풀
　　얼음 같은 손

뜨거운 방울 떨궈보지만

　　흘러내릴 뿐

　　하얀 보가 덮이자

　　격하게 창을 때리던 빗방울

　　　　　　　　　　-「지워지지 않는 자국」 부분

　그날따라 겨울철인데 비바람이 몹시 불었나 보다. 아버지를 여읜 딸의 마음을 아는지, 격하게 창을 때리던 빗방울! 격하게 어깨를 들썩이며 우는 시인의 눈물방울! 아버지의 한 생애는 그렇게 마감되었지만 시인이 된 딸이 아버지의 초상을 이렇게 아름답고도 서럽게 그렸으니 그분은 영생하게 된 것일 터이다. 이제 어머니의 초상을 감상해보자.

　　열 살이 갓 넘었을 때였지

　　아버지 숟갈 드실 때까지
　　마른침 꿀꺽이는 소리만 났어
　　막내가 한 점 집는 순간, 첫째가 툭 쳤지
　　-언니가 때려
　　-아기잖아, 그냥 둬라
　　꾸지람하는 엄마

첫째 입엔 뿔이 달렸지

봄처럼 웃던 아버지, 막내 밥그릇에 고기 한 점

한순간에 사라진 고기

덩그러니 남은 빈 접시

그때 알았지

엄마는 한 점도 드시지 않았던 것을

허락 없이 흐르는 시간

요양병원에 계셨던 엄마

-뭐 드시고 싶어

-구운 소고기

기름장에 찍어 맛나게 드셨지

엄마도 고기를 좋아하셨어

-「바짝 구운 거짓말」전문

 이 시를 읽고 눈물을 글썽이지 않으면 사람이 아니란 말을 하고 싶다. 아이들은 엄마가 고기를 안 좋아하는 줄 알았다. 고기를 먹는 것을 거의 본 적이 없었기 때문이다. 일 나가는 남편에게, 아귀 같은(?) 자식들에게 고기 한 점이라도 더 먹이느라 자신은 늘 찬밥 신세였지만 그것을 묵묵히 감내한 것이 엄마의 인생이었다. 요양병원에 계실 때 소고기를 구워 드렸더니 기름장에 찍어 맛나게 드시는 것을 보고 "엄마도 고기를 좋아하셨어" 하고는 딸이 깜짝 놀란다. 바짝 구운 엄마의 거짓말에 한평생 속아 살아왔는데 이렇게 늦게라도 알게 되어 다행이다. 그 엄마가 자식들 다 키워 호강을 누릴 무렵에 파킨슨이 찾아온다. "힘없는 다리/지팡이를 친구로 삼으셨고" "파란불 깜빡이는 세월의 건널목"을 "5년이 넘도록 건너고" 계셨으니 얼마나 고통스러웠을까. 세상 하직할 때에는 자식들에게 금목걸이를 유품으로 남기고, 세 자매는 그것을 녹여서 나비 팔찌로 만든다.

    엄마 임종 때 받은 금목걸이
    세 자매의 나비 팔찌로 만들었지

    파킨슨으로 누워 계셨던 엄마는 여행을 좋아했어
    '나는 나비가 되고 싶다'
    '왜'
    '어디든지 날아갈 수 있잖아'

    그때부터였어
    여행 갈 때마다 꼭 팔찌를 했지

엄마랑 가고 싶어서

파도의 수다가 메밀꽃으로 피고
멈춘 시간을 허물던 바닷가

잊혀진 바람 타고
금빛 나비 너울거리는

손목에 사는 나비

- 「나비」 전문

엄마랑 가고 싶어서 나비 팔찌를 하고 간다는 그 마음이야말로 '효성'이 아닐까. 시인의 손목에 사는 나비는 엄마의 분신이기도 한 것이다. 이제 타임머신을 타고 시간을 거슬러 올라 시인의 할머니를 뵙기로 하자. 섬에서 사신 분이다.

너머는 알 수 없는 내일이다

광명항에 도착한 배, 환상의 길을 거쳐 삐죽빼죽한 돌이 있는 해변, 바닷길 지나 산길로 접어들었다 가파른 호룡곡산의 울퉁불퉁한 바위, 푸름 속에 잠긴 해녀도가 보였다

무의도 초등학교까지 5킬로미터, 두 시간 삼십 분, 숨 가쁘게 걸었다

  털썩 주저앉는 10살 아이

  -저기만 넘으면 된다

  어르는 말에 속아 걸었지

  구불구불한 길 몇 번을 넘어서야 도착한 외할머니 집, 쪼글쪼글한 손으로 벗겨주시던 노랑 고구마, 삐죽대던 입, 호박꽃으로 피곤했지

  마른 잎에 뒹굴던 햇살 별처럼 빛나고

  겨울의 기억으로 찾아간 외갓집

  색 바랜 바람이 앉은 감나무

  하늘로 뿌리내린 채 할머니 집을 지킨다

  너머에서 기다리던 할머니

  안개처럼 사라졌지

  너머는 알 수 없는 내일

                          -「알 수 없는 내일」 전문

꽤 긴 시임에도 전문을 제시한 것은 이 시가 시집 전

체를 관류하는 시정신을 구현하고 있기 때문이다. 열 살 때 일이었다고 한다. 광명항에 도착해 가파른 호룡곡산 산길을 걸어 무의도에 갔던 날의 추억을 더듬는다. 어머니는 "저기만 넘으면 된다"고 몇 번을 얘기하신 것일까. 무의도는 인천광역시 중구 무의동에 속한 면적 10.21㎢의 섬으로, 영종도에서 남서쪽으로 약 1.4km 떨어져 있다. 본섬은 대무의도大舞衣島라는 이칭으로도 불리며, 부속 섬으로는 소무의도와 실미도 등이 있다. 해녀도는 무의도와 소무의도 남쪽 해상 1km 지점에 위치한 무인도인데 무의도에서 보이는 섬이다. 외할머니가 쪼글쪼글한 손으로 벗겨주시던 노랑 고구마에 대한 기억이 선명한데 할머니는 안개처럼 사라졌다고 했다. 시의 제목이 '알 수 없는 내일'이고 제일 끝 연이 "너머는 알 수 없는 내일"이고 이 문장은 시집의 제목이 되었다. 세월이 많이 흘러 겨울의 기억으로 찾아간 외갓집에는 감나무가 앙상한 가지만 남아 있는데 마치 하늘로 뿌리내린 채 외할머니 댁을 지키고 있는 듯하다. 외할머니는 안개처럼 사라졌고 그 너머는 알 수가 없는 내일이다. 이것이 바로 시간의 법칙이다. 시간 앞에 장사 없고 시간 뒤에 영웅 없다. 인간의 생로병사에 대한 남다른 인식이 이 시집을 제일 굳건하게 지탱하고 있다. 가족은 그렇다, 반드시 사별한다.

한편 천안 동남구 피득이 마을의 빨간 양철지붕에 살던 할머니는 작은 텃밭에 상추와 대파, 방울토마토, 오이 같은 먹을 것 외에도 금낭화, 나팔꽃, 오랑캐꽃, 금계국, 고들빼기, 물싸리, 채송화를 가꾸며 살고 있었다. 할머니 댁에 가서 꽃들을 보고 과일과 채소를 먹곤 했던 무척 행복한 나날이 있었을 것이다. 그때는 그것이 행복인 줄 몰랐을 것이다.

평소 냉정하여 마음의 문을 도통 열어주지 않았던 시어머니와 극적으로 화해하는 계기가 있었으니 짧은 편지 한 통 덕이었다.

어머니 마음을 잃어버렸어요

딱 한 번 받은 편지
소중하게 잘 둔다고 뒀는데
어디에다 두었을까요
벚꽃이 그려져 있던 종이에
삐뚤빼뚤 맞춤법도 맞지 않는
지금은 받을 수 없는 편지

'맘에 없는 말도 하고 못난 어미 땜에 속도 상하고 어미 속도 안 좋다

들었던 말 생각 말거라 미안하다 사랑한다 에미 올림'

묵은 책 사이 메케한 먼지
재채기가 자꾸 나요

벚꽃이 피면
삐뚤빼뚤한 어머니 마음을
찾을 수 있을까요

-「벚꽃 편지」 전문

  시어머니가 며느리에게 사과하는 내용의 편지다. 마음에 없는 말을 했으니 나 때문에 네가 속이 많이 상했을 것이다, 그러니 그 말을 잊어버리라고 하고 당부하는 내용의 편지를 며느리가 그만 분실하고 말았다. 소중하게 잘 둔다고 둔 편지를 못 찾아 발을 동동 구르고 있는 며느리가 바로 김란 시인이다. 시인의 시어머니는 사실은 마음이 여린 분이었다. 세상에, 며느리한테 사과 편지를 쓴 시어머니는 보도듣도 못했다.

  세월은 덧없이 흘러 섬에 있는 외갓집에 엄마 손을 잡고 갔던 소녀를 엄마가 되게 한다. 엄마가 되는 과정에서 기적이 일어난다.

임신 6개월의 하혈

심장 소리가 약해요 장담할 수 없습니다

의사는 말했고

오그라진 심장으로 보냈던 사 개월

분만실에 터진 울음소리

삼월의 기적이었지

아기 머리가 왜 이렇게 커

엉덩이를 너무 세게 때려 멍이 들었네

다 좋았어

별빛보다 빛나는 너를 만났으니까

- 「책갈피」 전반부

  이렇게 해서 태어난 아이였으니 집안의 보배였을 것이다. 귀한 자식을 가리키는 한자 성어로 금지옥엽金枝玉葉이란 것이 있다. 사내라면 금이요 여자라면 구슬이다. 그렇게 애지중지 키운 자식이 하얗게 진눈깨비가 내린 날 연병장에서 큰절을 한다.

  아들이 군대에 가 있을 때 면회를 간 적이 있었나 보다. 군대 간 자식이 안쓰럽지 않은 부모가 어디 있으랴. 병사식당에서 점심을 같이 먹는 경험을 해본 부모는 건더기 없는 국을 먹다가 이래저래 목이 메었을 것이다.

너를 만나러 가는 길

솜사탕 구름도

눈앞에서 나풀거리는 벚꽃도

빙그르르 춤을 추었지

연병장에 선 까만 얼굴

하얗게 반짝이는 너에게 달려가

두드리고 만져보는데 눈앞이 흐려져

네가 사라질까 봐 안아버렸지

병사식당에서 먹는 점심

반찬 세 개, 밥, 콩나물국

국에 건더기가 안 보여

휘휘 저어서 건진 콩나물

몇 가닥 너에게 주었지

여섯 시간을 달려와

깜박임조차 아까운 두 시간의 만남

건더기 없는 국

짭조름해져서 먹을 수가 없었지

-「건더기가 없다」 전문

요즈음 군대는 많이 좋아져서 콩나물 건더기 없는 콩나물국을 주지는 않는다. 하지만 지난 시절에는 군 내부의 부조리도 적지 않았다. 군에 간 아들을 찾는 강아지 엄지의 행동도 가슴을 아프게 한다(「기억 산책」). 그렇게 군 생활을 마친 아들이 취준생이 되었는데 4년여 고생을 한다.

> 취준생 생활이 버거웠던 스물여섯 살
> '엄마 삼 년 후에 자동차 사 드릴게요.'
> 결혼 기념 카드를 책갈피로 만들었지
>
> 사 년여 취업 준비에 지친 너
> '괜찮아 괜찮아'
> '아무 말도 하지 마세요'
>
> 네가 견딜수록
> 나는 왜 자꾸 미안해질까?
>
> — 「책갈피」 후반부

취준생 시절이 길어지면 아들이 아무 죄 없는 부모에게 화풀이하는 경우도 있는데 이 집의 아들은 부모에게 미안해서 그런지 "아무 말도 하지 마세요"라는 말로 입을 막는다. 한두 해도 아니고 장장 4년여 취업 준비를 하던 아들이 지친 엄마를 위해 순두붓국을 끓이다 사기그릇을 깬다. "네가 점심 해 주는 것보다 한 살 더 먹기 전에 취직했으면 좋겠어"라는 엄마의 말에 "나도 하고 싶은데 안 되는 걸 어떡해, 엄마는 다 이뤘냐고"라고 대답하는 아들의 심정은 어땠을까. 그래도 울퉁불퉁 못생긴 사과에 얽힌 사연을 보니 세상에 둘도 없이 절친한 모자 관계다.

  시인의 동생 이야기도 나온다. 언니가 실수를 해 동생을 잃어버릴 뻔했으니, 그날 일 생각날 때마다 가슴이 얼마나 뛰었을까.

    축축한 땀으로 얼룩졌던 칠월
    고무줄놀이가 한창이고
    백일 된 동생을 업고 있는 여덟 살
    아이들이 폴짝거릴 때마다
    고무줄처럼 출렁거려 서러웠지

    헐거워진 포대기 조이다
    바닥으로 떨어진 동생
    허공을 찢는 울음소리
    동생을 업고 번개처럼 달렸지

〈

친구도 집도 멀어지고

울다 지친 동생은 잠들고

걷다 지쳐버린 아이

하늘이 붉어질 때까지 그렁그렁하게 보냈지

두려웠던 하루

노을빛으로 숨어버린 비밀

선홍빛 저녁

울리는 전화벨

-언니 뭐 해, 별일 없지?

참 딱했던 여덟 살

-「낮잠」 전문

 이제 겨우 백일 된 동생을 땅바닥에 떨어뜨렸으니 정말 큰일 날 뻔했다. 동생을 업고 달린 여덟 살 언니의 가슴 박동 소리가 들리는 듯하다. 세월이 한참 흘러 동생의 전화를 받는다. "언니 뭐 해, 별일 없지?" 독자인 내가 안도의 한숨을 다 내쉬게 된다. 폐암에 걸려 고생한 언니 얘기도 나온다. "말을 듣지 않던 수면제가 개운한 밤을 열어주었단다"란 구절이 새삼 가슴에 침을 놓는다.

자, 그런데 시인은 지금까지 무병 무탈하게 살아온 것일까? 그렇지 않다. 비문증 정도는 아무것도 아니었다. 아내 노릇, 엄마 노릇, 며느리 노릇, 딸 노릇, 이제는 학생 노릇……. 세파의 한복판에 늘 굳건히 서서 이 모든 노릇을 다한 사람이 바로 김란 여사, 김란 시인이다. 소꿉친구의 딸이 서른두 살밖에 안 되었는데 세상을 뜨자 삼베옷을 입고 꺽꺽 우는 모습을 보고 함께 우는(「어린 이름을 묻고」) 시인이다. 가족의 이별이 너무나 가슴 아픈 것이다. 새벽 5시에 나가는 남편은 "내일은 쉬고 싶다"고 하고 헐레벌떡 출근하는 딸은 "로또 맞으면 그만두고 싶어"라고 말한다. 가족의 수고가 가슴 아픈 것이다. 시인의 가슴에 박힌 못이 어디 한두 개랴.

 가족은 가족공동체, 즉 family의 일원이다. 내가 아프면 가족이 아파해야 하고 내가 기뻐하면 가족이 즐거워해야 한다. 끈끈한 정이 언제부터 이렇게 메말라버린 것일까. 가금禽은 들에서 같이 다니며 풀을 뜯거나 모이를 먹다가 어두워지면 한 지붕 아래, 울타리 안에 모여 서로 기대고 잔다. 그런데 현대인은 침묵 속에 식사를 하고는 각자 방에 들어가 스마트폰을 보거나 노트북 화면을 본다. 이게 무슨 가족인가. 완전히 남이다. 김란 시인이 이번에 내는 첫 시집의 큰 주제는 가족의 의미에 대한 고찰이다. 비록 담 너머는 알 수 없는 내일일지라도 우리는 이제 가족공동체의 일원으로서 가정의 소중함을 일깨워주는 시인의 목소리에 귀를 기울여야 한다.「한 척의 가족」이란 시의 마지막 연을 음미하면서 해설 쓰기를 이쯤에서 마칠까 한다.

    끈에 묶인 배처럼
    서로 닮은 갈대처럼
    흐릿해지는 시간 속에서
    고만고만한 사람들이
    떠나지 못하고
    낡은 배 속에서 부대끼며 산다

상상인 시인선 *087*

너머는 알 수 없는 내일

지은이 김 란
초판인쇄 2025년 10월 14일 **초판발행** 2025년 10월 17일
펴낸곳 도서출판 상상인 **편집주간** 황정산 **펴낸이** 진혜진
표지디자인 최혜원 **기획·마케팅** 전은빈 최유림 노혜림 정현수
책임교정 종이시계 **편집** 세종PNP
등록번호 제572-96-00959호 **등록일자** 2019년 6월 25일
주소 06621 서울시 서초구 서초대로74길 29, 904호
전화번호 02-747-1367, 010-7371-1871
팩스 02-747-1877 **전자우편** ssaangin@hanmail.net

ISBN 979-11-7490-016-6 (03810)

값 12,000원

* 이 책은 전부 또는 일부 내용을 재사용하려면 반드시 저작권자와 도서출판 상상인의 동의를 받아야 합니다.

* 이 도서의 국립중앙도서관 출판시도서목록(CIP)은 서지정보유통지원시스템 홈페이지(http://seoji.nl.go.kr)와 국가자료공동목록시스템(http://www.nl.go.kr/kolisnet)에서 이용하실 수 있습니다.